AF359900

EDICT DV ROY,

SVR LE REGLEMENT

DES MONNOYES.

A PARIS,

Chez Sebastien Cramoisy, Imprimeur
ordinaire du Roy, & és Monnoyes,
ruë S. Iacques aux Cicognes.

M. DC. XXXV.

AVEC PRIVILEGE DV ROY.

LOVIS par la grace de Dieu Roy de France & de Nauarre, A tous ceux qui ces presentes verrõt. L'experience nous a fait cognoistre que la manutention & accroissement des grands Estats dépend principalement du soin que prennent les Roys, de ce qui est le plus necessaire pour la subsistence & soulagement de leurs Peuples ; Et comme la Monnoye est tres-necessaire à cette fin , & la plus precieuse chose de tout ce qui entre dans le commerce des hommes, aussi est-il tres-important de retrancher les desordres & abus qui se peuuent commettre au faict d'icelle. Et bien qu'à ce dessein il ait esté fait plusieurs Ordonnances par nos predeceſſeurs Roys, & par Nous: neantmoins elles n'ont pas empeſché l'excés des abus qui ſe ſont introduits en noſtre Royaume par le ſurhauſſement des monnoyes Eſtrangeres, la pluſpart affoiblies de poids & d'alloy, dont l'expoſition eſtant à bien plus haut prix que les noſtres, a cauſé la licence aux Eſtrangers de tranſporter nos eſpeces : & au lieu d'icelles de reſpandre en nos Prouinces leurs monnoyes, la pluſpart de bas alloy ou de billon, & de les expoſer pour bonnes. A quoy nous aurions penſé remedier cy-deuant par aucuns Reglemens & Arreſts de noſtre Conſeil : mais la tollerance & impunité ayant fait ſubſiſter & accroiſtre le mal ; Nous auons reſolu pour le bien de noſtre Eſtat, facilité du Commerce, & ſoulagement de nos Sujets, de faire cy-apres vne reformation generale deſdites monnoyes, à laquelle nous faiſons promptement trauailler: Et cependant iugé neceſſaire, afin de pouruoir autant qu'il ſera poſſible au mal preſent, de tolerer pour vn temps l'expoſition deſdites eſpeces Eſtrangeres, non pas dans l'excés de leur cours, mais auec le temperament qu'elles ſoient de miſe parmy le Peuple, & en toutes les Receptes, & Bureaux de nos deniers, pour certain prix, pluſtoſt que d'ordonner dés à preſent vn décry general deſdites eſpeces, dont nos Sujets receuroient tres-grande perte & vexation. A CES CAVSES, apres auoir mis cette affaire en deliberation en noſtre Conſeil, où eſtoient aucuns Princes de noſtre Sang, autres Princes, Officiers de noſtre Couronne, & autres grands & notables Perſonnages; De leur aduis, & de noſtre certaine ſcience, pleine puiſſance, & authorité Royale; Novs auons par ces preſentes, ſignées de no-

A iij

ftre main, & par maniere de proui-
fion feulement, en attendant ladite
reformation generale, permis & tol-
leré, permettons & tollerons l'expo-
fition de toutes les efpeces d'or & d'argent, dont les Portraits figurez font
cy-attachez fous le contrefeel de noftre Chancellerie, pour auoir cours
& mife dans tout noftre Royaume,
terres, & pays de noftre obeïffance,
pour le prix & valeur declaré au deffus
defdites figures, & non autrement,
tant entre nos Sujets & autres, que
dans tous les Bureaux des Receptes de
nos deniers. ENIOIGNANT à tous
Treforiers, Receueurs, & autres nos
Officiers comptables, de quelque qualité qu'ils foient, de les receuoir audit
prix fans difficulté. FAISANT tres-ex-
preffes inhibitions & defenfes à toutes perfonnes de quelque qualité qu'elles foient, d'expofer lefdites monnoyes
à plus haut prix que celuy porté par

le preſent Reglement , à peine de confiſcation des monnoyes qui feront expoſées à plus haut prix , de quinze cens liures d'amende, payable par celuy qui les expoſera , & pareille ſomme par celuy qui les receura , applicable le tiers aux pauures de l'Hoſtel-Dieu de Paris, & Hoſpitaux des lieux où ſe feront leſdites contrauentions, pour la premiere fois , le tiers au denonciateur, & l'autre tiers pour les fraiz de Iuſtice : & à peine de la vie pour la ſeconde fois , ſans eſperance d'aucune grace. SI DONNONS EN MANDEMENT à nos amez & feaux Conſeillers, les Gens tenant noſtre Cour de Parlement à Paris , que ces preſentes ils facent lire, publier & regiſtrer , & le contenu en icelles exactement garder & obſeruer , en telle ſorte qu'il n'y ſoit contreuenu en aucune maniere que ce ſoit. MANDONS EN OVTRE à nos amez & feaux les

Commiſſaires par nous deputez dans
nos Prouinces & Generalitez de cé
Royaume, pour le regallement de nos
Tailles, de tenir la main à l'entiere &
exacte obſeruation du preſent Reglement, & faire ſubir aux contreue-
nants les peines portées par iceluy : &
à tous Gouuerneurs de noſdites Prouinces, Villes, & Places, Preuoſts,
leurs Lieutenans, & autres nos Officiers & Iuſticiers, d'y tenir la main, &
leur preſter main- forte, afin que noſtre volonté ſoit ſuiuie. Et ſera adiou-
ſté foy, comme aux originaux, aux
coppies collationnées, tant des preſentes que du cahier y attaché, où
ſont empreintes les figures deſdites eſpeces & le prix d'icelles. CAR tel eſt noſtre plaiſir. En témoin dequoy nous
auons fait mettre noſtre ſeel à ceſdites
preſentes. Données à Paris le dixneuf-
ieſme iour de Feurier l'an de grace mil
ſix cens trente cinq , & de noſtre
Regne

Regne le vingtcinquiefme.

Signées,   LOVIS.

Et fur le reply,

Par le Roy,

                DELOMENIE.

Et feellées fur double queuë du grand
feel de cire iaune.

ENSVIVENT LES PORTRAITS,

poids, & prix des especes d'or & d'argent, tant de France qu'Estrangeres, ausquelles le Roy donne cours par le present Edict.

ET PREMIEREMENT,

CELLES D'OR DE FRANCE.

Escu sol du poids de deux deniers quinze grains, trebuchant, pour quatre liures.

Le demy à moitié.

FRANCE

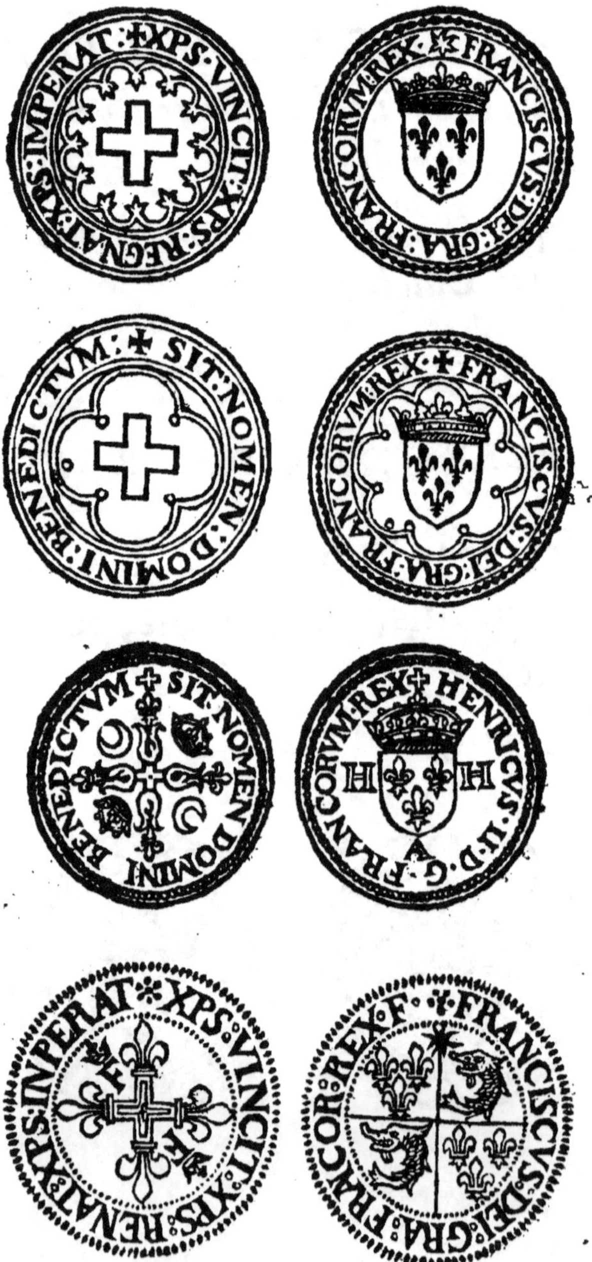

FRANCE.

Escu couronne du poids de deux deniers quatorze grains, trebuchant, pour trois liures dix-neuf sols.

Et le demy à moitié.

Le vieil Escu du poids de trois deniers, trebuchant, pour quatre liures quinze sols.

Et le demy à moitié.

Le double Henry du poids de cinq deniers dix-sept grains, trebuchant, pour huict liures dix sols.

Et le demy à moitié.

Pistole de Lorraine, du poids de cinq deniers quatre grains, trebuchant, pour sept liures.

La demie & quadruple à proportion.

La Piſtole de Treuol fabriquée en l'année 1578. & autres depuis eſtant de meſme tiltre, du poids de cinq deniers quatre grains, trebuchant, pour ſept liures quatre ſols.

La demie & quadruple à proportion.

La Piſtole d'Orange , du poids de cinq deniers quatre grains, trebuchant, pour ſept liures quatre ſols.

La demie & quadruple à proportion.

Piſtole de Sedan, & autres du Duc
de Boüillon, du poids de cinq deniers
quatre grains, trebuchant, pour ſix liures douze ſols.

La demie & quadruple à proportion.

CELLES D'ARGENT DE FRANCE,
ET DE NAVARRE.

Le Franc d'argent du poids de vnze deniers vn grain, trebuchant, pour
vingt & vn ſol quatre deniers.

Le demy & le quart à proportion.

FRANCE.

Pieces appellées cy-deuant Quart-
d'escu, du poids de sept deniers douze
grains, trebuchant, pour seize sols.
Et le demy à moitié.

FRANCE.

NAVARRE.

Teſton du poids de ſept deniers dix
grains, trebuchant, pour quinze ſols
ſix deniers.

Le demy à moitié.

FRANCE.

NAVARRE.

Le Teston de Lorraine, ceux du
Cardinal, & autres fabrications, ceux
de Mets, du mesme tiltre, du poids de
sept deniers dix grains, trebuchant,
pour treize sols.

Le demy à moitié.

LORRAINE.

METS.

Le gros de Lorraine, pour huict
deniers.

Et le demy à moitié.

Le Teſton de Treuol , eſtant de
meſme tiltre de ceux de nos coins & ar-
mes, du poids de ſept deniers dix grains,
pour quinze ſols ſix deniers.
　Le demy à moitié.

Teſtons d'Orange, du poids de ſept
deniers dix grains , trebuchant , pour
treize ſols quatre deniers
　Le demy à moitié.

ESPECES D'OR ESTRANGÉRES.

Le double Ducat à deux teſtes, d'Eſpagne & Flandres, du poids de cinq deniers dix grains, trebuchant, pour huict liures quatre ſols.

Le demy & quart à proportion:

FLANDRES.

Double Ducat de Portugal, appellé
Millerés, du poids de six deniers, tre-
buchant, pour huict liures huict sols.
Le demy & le quart à proportion.

Le demy.

Piſtoles d'Eſpagne de diuerſes fabrications du poids de cinq deniers ſix
grains , trebuchant , pour ſept liures
dix ſols.

La demie, & le quadruple à proportion.

Albertus de Flandres , du poids de
quatre deniers, trebuchant, pour cinq
liures dix ſols.

Le demy & quart à proportion.

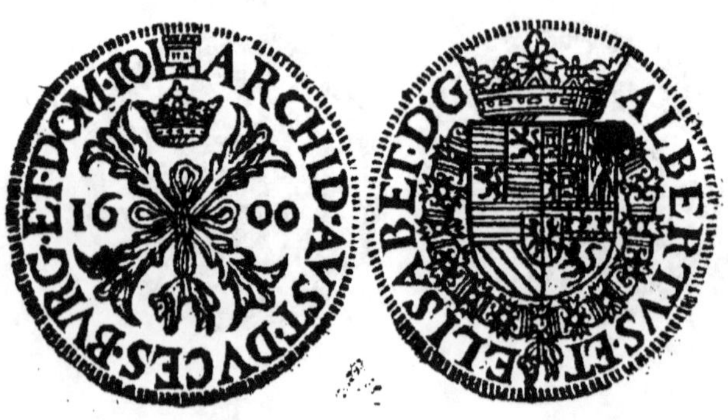

Efcus ou Royaux d'or, de Flandres,
du poids de 2. deniers 14. grains trebuchant, pour trois liures douze fols.
Le double à proportion.

Noble à la rofe d'Angleterre, du
poids de fix deniers, trebuchant, pour
neuf liures deux fols.
Le demy à proportion.

Noble Henry, du poids de cinq deniers dix grains, trebuchant, pour huict
liures quatre sols.

Le demy à moitié.

Angelot d'Angleterre du poids de
4. deniers, trébuchant, pour six liures.

Le demy à moitié.

Iacobus d'Angleterre, tant vieux que nouueaux : ceux d'Escosse, & Riddes des Prouinces vnies, du poids de sept deniers dixhuict grains, trebuchant, pour vnze liures.

Les demys & quarts à proportion.

ANGLETERRE.

ESCOSSE.

RIDDES.

Piſtoles de Milan, Parme, Plaiſan
ce , Florence , Gennes , Veniſe , Luc
ques, Sauoye, & autres de diuerſes fa
brications d'Italie , du poids de cinq
deniers quatre grains, trebuchant, pour
ſept liures quatre ſols.

Les demies & quadruples à proportion.

MILAN.

PARME ET PLAISANCE.

Demies Pistoles d'ITALIE.

Piſtole auec vne teſte d'vn coſté, &
vne Ste Dorothée de l'autre, du poids
de cinq deniers quatre grain● trebuchant, pour ſix liures.

La demie & quadruple à proportion.

Piſtole de Liege, du poids de cinq
deniers quatre grains, trebuchant,
pour ſix liures.

La demie & quadruple à proportion.

Escu de Liege auec quatre F au co-
sté de la croix, du poids de deux deniers quatorze grains, trebuchant,
pour trois liures huict sols.

Le double & quadruple à proportion.

Pistole de Spinola, du poids de cinq
deniers quatre grains, trebuchant, pour
six liures.

La demie & quadruple à proportion.

Ducats de Ferrare, & autres fabri-
quez ſous Spinola, du poids de deux
deniers dixſept grains, trebuchant,
pour quatre liures.

Le double à proportion.

DE SPINOLA.

Ducats de Boheme , Hongrie, Po-
logne , & autres diuerses fabrications
d'Allemagne , Italie , & Turquie , de
mesme tiltre , du poids de deux deniers dix-sept grains , trebuchant, pour
quatre liures deux sols.

Le double à proportion.

L'EMPIRE.

L'EMPIRE.

SALZBOVRG.

HONGRIE.

POLOGNE.

PROVINCES VNIES.

VENISE.

PARME.

SAVOYE

ESPECES D'ARGENT ESTRANGERES.

Pieces de huict reales d'Espagne, de diuerses fabrications, du poids de vingt & vn deniers huict grains, trebuchant, pour quarante six sols.

Celles de quatre, de deux, & simples à proportion.

F

Ducatons de Milan, Florence, Parme, Plaifance, Gennes, Venife, Sauoye,
& autres fabrications d'Italie de mef-
me tiltre , & ceux d'Auignon, du poids
d'vne once vn denier , trebuchant ,
pour cinquante quatre fols.

Les demis & quarts à proportion.

MILAN.

PARME.

VENISE.

SAVOYE.

AVIGNON.

Pieces d'Auignon, du poids de deux
deniers neuf grains, trebuchant, pour
quatre sols six deniers.

Chelins d'Angleterre, du poids de quatre deniers seize grains, trebuchant, pour dix sols.

Le demy à proportion.

Philipes-dales, dits Patagons de Flandres, du Comté de Bourgongne, & autres de diuerses fabrications du mesme tiltre, du poids de vingt-deux deniers, trebuchant, pour quarante sept sols.

Le demy & quart à proportion.

Autres Philippes-dales de Flandres,
du poids d'vne once & vn gros, trebuchant, pour cinquante deux sols.
Le demy & quart à proportion.

Nouueau Ducaton de Flandres, du
poids d'vne once vn denier, trebuchant,
pour cinquante quatre sols.
Le demy & quart à proportion.

Pieces de Liege non contrefaites, du
poids de treize deniers douze grains,
trebuchant, pour vingt trois sols.
La demie à proportion.

LIEGE.

Pieces de Frize non contrefaites, du poids de quatorze deniers, trebuchant, pour vingt-cinq sols.

La demie à proportion.

Pieces de Zelande non contrefaites, du poids de quinze deniers 12. grains, trebuchant, pour vingt-sept sols.

La demie à proportion.

Pieces de Zelande, du poids d'vn de
nier six grains, trebuchant, pour vn sol
dix deniers.

Pieces de Flandres non contrefaites,
du poids de deux deniers, trebuchant,
pour trois sols.

Les doubles à proportion.

EXTRAICT DES REGISTRES
de Parlement.

du 14 mars 1635

E iour la Cour, les Cham-
bres assemblées, apres auoir
veu les Lettres Patentes du
Roy en forme d'Edict, données à Paris le dix-neufiéme Feb-
urier mil six cens trente cinq, signées
LOVIS, & sur le reply, Par le
Roy ; DE LOMENIE, & seel-
lées du grand Sceau de cire iaune. Par
lesquelles, & pour les causes y conte-
nuës, ledit Seigneur par maniere de pro-
uision seulement, en attendant vne reformation generale, permet & tollere
l'exposition de toutes les especes d'or &
d'argent, dont les Portraits figurez sont
attachez sous le contreseel, pour auoir
cours & mise dans tout le Royaume,
pour le prix & valeur declaré au des-

A

sus desdites figures, faisant tres-expres-
ses inhibitions & defenses à toutes
personnes de quelque condition qu'elles
soient, d'exposer lesdites monnoyes à
plus haut prix, sur les peines portées
par lesdites Lettres. Conclusions du Procureur General : La matiere mise en deliberation, LADITE COVR a arresté
& ordonné, auant proceder à la ve-
rification desdites Lettres, qu'assemblée sera faite en la salle de S. Louis,
en la presence de

Presidents, &

Conseillers de ladite Cour, à laquelle
seront appellez les Deputez des Cham-
bres des Comptes, Generaux des Aydes
& Monnoye, & lecture faite desdites Lettres de Declaration, pris l'aduis
des Bourgeois, Marchands, Banquiers,
& autres Notables personnes, qui seront nommez par le Procureur Gene-

ral, pour arrester le cours des desordres
qui prouiennent du prix excessif des
monnoyes, qui ont cours, suiuant
l'Edict verifié en ladite Cour le vingt-
six Ianuier six cens quinze, & de celles des Estrangers defendues par iceluy,
& regler la iuste valeur qu'elles doi-
uent auoir, & la proportion qu'il y au-
ra de l'or à l'argent, pour le procés ver-
bal faict & communiqué audit Procureur General, veu par la Cour,
ordonner ce que de raison. Neantmoins a arresté que le Procureur General escrira à ses Substituts des
Balliages & Senechaussées des princi-
pales Villes des Prouinces du Ressort,
à ce qu'assemblée soit faite des Officiers, Bourgeois, Marchands, & autres Notables personnes desdits lieux,
pour sur ledit Edict donner leur aduis.
Et à ceste fin coppie collationnée d'i-
celuy leur estre enuoyée à la diligen-
ce dudit Procureur General ; & ce

pendant ladite assemblée en ladite Salle de sainct Louis sera faite au premier iour. Fait en Parlement le quatorziesme Mars mil six cens trente cinq.

Signé,   GVYET